Bibliografische Information der Deutschen
Nationalbibliothek: Die Deutsche Nationalbibliothek
verzeichnet diese Publikation in der Deutschen
Nationalbibliografie; detaillierte bibliografische Daten sind
im Internet über dnb.dnb.de abrufbar.

Herstellung und Verlag: BoD – Books on Demand, Norderstedt
Umschlagbild: MT FREY: fragment 014 (Collage)
ISBN: 9783759770752

AW KORSCH

brüche und blenden

Gedichte

-wände

heute ein sturmtief

kratzt über die fläche

glänzt rau

aufgerissene naben

am platz tief bewegte

schlaglöcher

tüten zwischen den knien

im dreck der bereifung

auf dem boden verklebt

laute musik drückt

gefühlsregelwerke

durch die lautsprecher

nässe weht in den wind

fliegt um ein haar

auf die straße.

nässe und wind

die wiese vorm haus
an dessen fassade
rasend schnell hoch
oben ein fenster

auf eine mittel
große figur zu
beängstigend das
ganze gesicht

mit einer larve bedeckt
im ausdruck zerrt ihm
ein auge zurück

durch das fenster nach unten
gefallen gefunden
mundvoller staub.

wiese vorm haus

beim starren in wolken ab

fallen verschoben an

hebt hier ein säuernder wind.

aus vielen wegfugen drückt

eis taut an welt fällt

vom raum ab nach oben.

am straßenrand kniet

wie am rettenden ufer

die böschung blüht auf

allen gefallenen tief

hängenden wolken

ein entsetztes gesicht.

böschung

an einer ecke drei
finstere gestalten. auch
weiter hinten

im klo die da händeln
zwischen müll und
abraum. am ende

mit köpfen neben kleinen
led-taschenlampen
die in behälter

gesteckt werden weil
fortwährend sucht
was verloren.

gestalten

moden betonen

verhalten gehören

der lebensläufer in

transit getaucht

haucht auf der falschen

seite der schienen

talente aus

fahren in rostigen lauben

spannt netze

nachtasten formen

von haus aus natur nur

in wenigen fenstern ist licht.

unterwegs

spritze an lauf auf

gepflasterten wegen

daneben. fahr räder

mit vorgestellten

taschen aus stoff.

hier noch die bücher

auf dem bürgersteig

verkehrsberuhigter

altbestand. in hocke

schon zittrig die ruhe

vor verschlossenen

toren. kleine hunde

und riesige autos

stellen tüten

mit einmalkleidung aus.

ecke görlitzer straße

drinnen die leere

des raumes da

draußen ein baum

dessen stamm

nach oben verzweigt ihn

zur axt greifen und

den trieb abschlagen ließe

hätte er eine dabei

wächst alles weiter

das blühende licht

stellt sich ab

zweig zum park

an dessen rand

eine tür halb

offen zeigt er sich um

die kommende nacht

mit fremden zu teilen.

unter freiem himmel

ich bin die erste person
die marginalisiert
und diskriminiert wird.

ich habe keine interessen
vertretung nein niemand
außer mir spricht für mich.

da bin ich wie alle.
da ähneln wir uns.

wir halten zusammen.
wir sind schon so viele.
und eins auch: die erste

person eigentlich.
im allgemeinen. allein
aus uns komme ich.

die erste person

was da noch

gegenstand

werden soll

auf- und dann

um sich an

greifen

ausgesprochen

fassbarer

laut sein.

laut sein

in bushaltestellen

während blöder wartezeit

zwischen

erwägung und bewegung

ins nächste

verwechseln

blätterts um einen

hintergrund

weiter

wände

--gewimmel

äste aus bäumen auf straßen ein bild
kracht lauthals auf ein autodach
klicken notrufe gegen den gehweg
der bodennah eine hauswand angeht

kalt ist der hitzig verwässerte boden
seit stunden angenehm gräulich drückt luft in den
stein (...)

die grad aufgerissene tür
hört sich an wie eine posaune
und die angerückte feuerwehr
räumt blech von nasskalten wegen

gegen den gehweg

zum umschwung des wetters ins hell hoch am himmel
gießt wasser aus schütten.

die glänzenden straßen schmutzt stunk den asphalt
durch dichte gewimmel

bäumt eisstarr gehäuse und zimmer aus kästen
wild wuchs aus extremen
in andere ein.

durch dichte gewimmel

macht neu mir das grauen

nicht zu bunt den regen zu schnee

taut vom kopf auf

die füße.

                        brecht ab euch friert fest in die sonne

                                        strickt licht.

schützt vor auch die wände

macht halt sichert seile

                        legt frei an den tag

                der wegrutscht im schlamm der gezeiten.

legt frei an den tag

wir schmökern und blättern uns wischen die welt ab
durchs sprachlose starren

wir schieben die daumen glatt über das glas glänzt
recht plastisch

aufs formen kommts reden
das durchsichtig ist

am boden bricht satz sich an bläulichem licht die
gelenke

durchs sprachlose starren

mehr tierkadaver als sonst auf der straße

kniet fleischlos ein hund

macht da haufen

scharrt in der erde

schüttelt sich durch die kuriere

verteilen vom fahrrad herab was für welche

die im nächsten hauseingang mit alufolie

sitzen ein

röhrchen im hals

trocknet das wort

weht ohne zu zögern nach dahin

wo die mehrheitsgesellschaft

noch etwas zu sagen hat

ohne zu zögern

mit staubigen schuhen weiter im text

durchs selbstgespräch treten

zum nächsten absatz

       über grundstücksteinstufen zur schwelle

       tausche zunge stets zwischen den stühlen

trage texte stell schrift auf

das hartholzparkett

       wieder bei mir im begriff sein und mein

reden im rachenraum:

kohlrabenschwarz

bei mir im begriff

an der musik hängt

oder springt was

an einigen stellen

aus der führung dem rausch nach

wenns knistert und knirscht durch die box.

(in mono aus plastik. brustbeutel am hals.)

(...) fünfzig euro gefunden.

am knauf einer haustür.

und des nachmittags sonne

im rücken ein wummern

als nachhall und erinnerung.

nachhall und erinnerung

leuchtend tropft dunkel die gleichzeitigkeit

zerstreut das bewohnte

zur stunde

        schließt augen schon schön

       wenn freisein ein mangel

        zersetzt das gemeine

              kommt leise bei nacht

              und spielt alle mit

zur stunde

sie fotografieren sich wirklich im diesseits der

                                 wahrheit ihrer profile

deren konturen schärfer geschnitten recht lebhaft

aussehn

        sie filmen und teilen den besten bildausschnitt aus

                laden gesichter mit anderen auf (...)

ein süchtiges sehnen sticht licht über rollsplitt und

                             quadratische platten

in einen makellos in szene gesetzten moment

über rollsplitt und quadratische platten

voll auf draht und am netz einer minimal doppelten
realität

                die sich zur welt wies wissen verhält
         rutscht durch die anwendung feste weicht auf
in eine andere wahrheit vergeht das gewusste da
draußen

           auf decken einstehen auf straßen
          den gehweg befahrn wir die räder und
        schaun auf der tour an die giebel der häuser
       auf denen früher noch *bonjour tristesse* stand

auf draht und am netz

---unterdecken

Im untergrund bahnen sie sich
wegstrecken auf eine bank
die wohl fester wohnsitz ist
(...) das allernötigste in tüten.

Schon mit dem nächsten zug zum gleisbett hin
enden die inhaltlich gut
und gerne noch drei episoden tragenden wände.

Da sickert die zeit
blüht wert ins wertlose
brennt die heißeste flamme
(...) aus einem gasfeuerzeug

Nicht sehr viel später spucken sie schimpf
und schandeln die nächsten (...) sie
treiben sich aus.

unterdeckenwegstrecken

Die räumliche distanz zur menge

mensch führt gespräche

ins grundlose dröhnen. Da

waberts schön unscharf.

Wortfetzen wie

bruchstücke die

so sie fallen

nicht ins gewicht.

Auf dem balkon

kaum widerstand keine

anspannung nichts

knistert nur dunkel

und stille. In einem

anderen raum

schalt ich ein licht

an und warte.

wortwartefetzen

Dreh mich auf dem schulterblatt. Es

schmerzt, lieg ich zu lange darauf.
Also wechsel ich schnell die seite und lauer.

Ich dreh mich danach auf den rücken zurück.

Die lunge drückt, ich bekomm keine luft mehr.
Dann auf den bauch.

Der hals ist verdreht. Ich kann immer noch nicht

schlafen wie die autofiktiven
gewöhnlich auf wenig bequemen kunststoffmatratzen

(...)

drehgewöhnlichaufwenig

Rückblenden. Parallele handlungsstränge. Brüche:
Alle zehn minuten, dann die nächste figur.

Reminiszenzen an andere filme
                enden enttäuschend. Unterbelichten
                    über die hohe zahl an personal.
                                Alle
                    von einander getrennt
                        wie die menschen

                        geschlechter.

brücheundblenden

Alles was grün ist verfärbt sich bald

wieder wird gelb rot

und braun dann

läufts über

(...) das gesamte gefüge

hängt lose im licht

vergeht einem die sicht

(...) während distanzen verschwinden

zeitabstände kurz: Aus den augen

drückt laubschwer der

wetterumschwung

auf die stimmung.

stimmungundlicht

Nicht in betrieb

steht ein dem eigenen anspruch

              halbwegs gerechter

              der gegen jene die was

für sie spricht lesen

seiten beschreibt.

        Der das schnell abgeschmackte bildstarker

              kunststückchen an welche

              abgibt und bricht

mit querstrich und blocksatz

die reihen des reims durch   (...)

eine weitere zeile.

blocksatzanspruch

Eine figur die sich nicht die mühe macht

ihr gesicht

        aus dem bildschirm zu nehmen

um hören und sehen zu können was bleibt

die umgebung

        da kommt ihr zusehens unwirklich vor

jahrzehnten träumte sie noch

wob man die welt aus

        zufall und gelegenheit. Eine

die sich aus vielen

grundformen

        in andere verwickelt hat.

grundformenumgebung

Neben einer kurzen geschichte

in den hellen tag

träume ich mich

aus schönwetterbezügen.

Will mit dem ausgestrecktem finger

wache momente anzeigen.

Und liegen auch hängen

zum trocknen an leinen

verstrickt. Noch viel weiter

träumen. Vom wohl

gefühl angezogen

vom schlaf (...) wieder ein

bild

neben dem geschriebenen.

kurzgeschichtebildbeschreibung

irgendwer findet immer ein argument

                                          spricht meistens

der standpunkt dagegen gleicht einer

                                          gruppe die da

am rand auf der anderen seite

und in betrieb hält was keiner

kennt kunst

noch kultur

meint marktanteil weil

vergessen was wichtiger nichts ist und nichtig (...)

                          zerstörung erhöht einen wert

                              der ver- wird gehandelt.

dieliebeistimeimer/loveisinthebin

wenn ich an rätsel denke ich

ihre auflösung mit mir bin ich etwas

geht und kommt wieder zu sich laufendes

hält annähernd schritt geschwindigkeit wandel

seit jahren

löse ich mich

auf geht es weiter

die fragen die reißen

wie die verbindung nie ab

rätselschrittreißen

----halterungen

auf einem rollfeld am rand richtung straße zum zaun
stehen so häuschen aus fenstern heraus fällt helles
licht ein
gesicht leuchtet schweißnass in einen spiegel

an einer querwuchernden hecke verläuft richtung blau
schimmer grau sticht
in augen wie blicke das nahende zwielicht

da glitzert zement gegen regen brennt kohle noch
fleisch
trocknet die startbahn in den liegestuhl (...)

der garten im park flaggt freiheit ausgerechnet
parzelliert
wuchert organisch der anbau
macht los von abhängigkeiten

stimmt rufts zukunft richtet sich ein bein richtung
straße zum zaun
stellt noch einem vogel nach
und leer vom erliegen der tagtäglichkeiten sind die
flaschen angetaut (...)

auf einem spielplatz am brunnen richtung straße zum
zaun
stehen so häuschen aus fenstern heraus
fällt helles licht ein gesicht leuchtet schweißnass in
einen spiegel

nur im gebüsch raschelt regen und tränt da von
zweigen
in die getrockneten augen
eines hinter der hecke liegenden schlafsacks (...)

im gebüsch raschelt regen und tränt

vor einer bushaltestelle ein haufen liegt himmel
hellt elend im schatten ein kleinkariertes hemd

        die form passt sich stets

        ins lebendige ein

        streben verankert in die

        grundfesten schwanken

        im hitzebeständigen wind

        gestänge um stoff frisst

        gewebe am

        busbahnhof kniet

        der gefundenen kippe

        beraubt stumpfes pflaster

faust schlägt ins fremde dacht denken
dem gewöhnlichen licht längst entbunden

dem gewöhnlichen licht längst entbunden

die erzählstruktur verändert sich

drastisch ihr zuschnitt

verlagert momente (...)

da zersetzt sich ein körper

in das geschönt dargestellte

da dauern erzählzeiten das familienmitgliedersterben

im schnee

und du schreist schon beim anblick des berges

(...) erhöht sich dein puls

beim anblick des berges

warum so kurz und vor dem platzen

aufgebläht

spannen zeiten aufenthalt

im irgendwo

das springkraut schießt

fruchtkörper ab

kürzt die duldung

ein (...)

grenzwertiges bleiben

auch bei der antastung lediglich einer (...)

adresse wird heimat

wie wildnis auf dem fensterbrett.

wildnis auf dem fensterbrett

das rundherum nahezu perfekte panorama hält den
begehbaren ausblick
in der eigenen erinnerung fest (...) setzt sich der da
sicher nicht

einen schnappschuss vom flatterhaften schmetterling
der außerhalb der blickfelds
etwa zwanzig zentimeter über dem auge rechterhand
vorüberzieht

sich nach hinten hin um dem zu entgehen was anders
sein wird
weils keinen gehalt veränderlich zu bleiben hat dreht
wer den kopf richtung speicher

der auf
der anhöhe steht
auf dem ein souvenirshop postkarten mit
eben den gleichen motiven anbietet

das rundherum nahezu perfekte panorama

die auf großformatigen werbeplakaten in idealen
situationen
mit ebensolchen figuren dargestellten bleiben
eifert man diesen perfekten erscheinungen nach
draußen (...) ists feindlich

hier findet das aufbegehren nur punktuell noch im
stile der alten
statt (...) perfekt angepasst an das später zu sein soll
kein mangel
die nähere aussicht eintrüben

man will so sehr besonders sein eigenes
aus der masse der bilder vor alle anderen halten

so höhen im talrausch meinungen befindlichkeit auf
nassglatter fahrbahn rutscht wer bei größtmöglichem
abstand in die
distanzlosigkeit ab

auf nassglatter fahrbahn

in beuteln reibt plastik an wiederverwertbaren
stoffen
und dehnt
die nachhaltigkeit
wird meist nicht viel weiter als bis vor die türen
getragen

von der umgebung ins zentrum der mode zieht fäden
aus fasern
säuert reißfester regen
der grad eben erst gestern für annähernd nichts uns
entworfen wurde

entwurf

ohne augen auf straßen durch den innenstadtbereich
rasen tonlos an flanken von tauben geräuscharm
durch ohren

so schön über gründe und in variante aufmachung
wie farbe divers
verkleidete gestalten durch freisprechanlagen

aus selbstbildhaftfetzen hört mans laut tropfen
durch gitter zu boden auf dem falsch geparkte
fahrzeuge stehn

nur wenige meter dahinter: zwei pfeiler
vor dieser treppe steht ein gebüsch

das nach farbflächen sortiert
hochstehende zweige zu erkennen gibt dem ganzen
mehr räumliche tiefe

dies wasser im bild und in der einfassung hält
damit nichts auslaufen kann

mehr räumliche tiefe

ein regentropfen fällt während du fährst auf den steg
deiner brille
drunter und drüber steht ein gerüst in den tag.

        dahinter wurde das dann etwas weiter gefasst
           über dir an den alten neubau geschrieben:

was einst geschichte gewesen ist verkürzter datensatz
zur person
die vorgibt noch menschlich zu sein.

        am ende im haus: deine hinterhofwohnung
           in deinem zimmer auf einem stuhl

der gestellt zur möblierung gehört hier die luft
riecht nach staub schmeckt wie draußen.

individualverkehr

wenn ich am park vorbeikomm und jemand am
morgen so gegen sechs
eine stunde etwa vor arbeitsbeginn aber schon am
ende der sportlichen übung

dasteht und spricht: das mach ich für mich, glaub
ich ihm nicht einfach nur so
macht irgendwer was.

wenn im dunkeln am hochhaus das schräg
abgefallene fensterlicht bricht
stell ich mir vor vom balkon herab einfach paar
bäume.

(...)
die blumen
kästen sonnenbrand
an halterungen das wachstum
aus dem obersten stockwerk nach unten.

halterungen

-----kopf.hörer

hör hin! wenn ich dir sage

dass die bilder

die sich bewegen

etwas mitzuteilen haben

bedeutung

versteckt sich

nur zu gern im detail

und weil sie so schwer zu erkennen

du müde vom nachdenken

bist dir nicht sicher

sie bewegen sich unheimlich schnell

erreicht eine die andere realität

hast du aus den augen verloren

der zusammenhang reißt ...

aber bedenkst du dann alles

nun noch einmal richtig:

es sind die stimmen

die das was du siehst

zu dem was du hören

wirst werden lassen

also die sendung

von empfängern

aufnehmen

schneiden
und wieder montieren dir
die wirklichkeit wird eine
wie die andere auch
nur beschrieben

es sind die stimmen

durch hörer verschwunden sind wörter gegangen

um am je anderen ende der leitung

auf ein offenes ohr neigt dazu

das zu verstehn

die sätze hängen zunächst noch in der luft

ja wirklich sie schweben

nicht mehr so sehr rauscht es in der leitung

da einer sich setzt

fort

das gespräch

ein offenes ohr

vergilbt sind mittlerweile die bilder

die du dir

als du noch dem radio zugehört

oder auch in büchern geblättert

so farbenfroh ausgemalt hast

fast vergessen

was es da für dich zu sehen gab

auch die abfolge dieser oder jener gesichter

die sich ja da noch im imaginären befanden

verschwanden

und wurden durch welche, die du anders besetzt

hättest sie nie ausgerechnet durch die da ersetzt

es wird dir befürchtest du nun

vielleicht bald dein tun

abgenommen hat bereits das

was

fantasie

anregend war

als du dir noch etwas vorstellen konntest

als du dir noch etwas vorstellen konntest

das alles da draußen geht

an dir vorbei

wie der wind pfeifft ein lied

das niemals tatsächlich

wirklich echt wahr war

ist dir nur das

was du einzig für dich

immer dabei hast du deine

augen, geschlossene

kopfhörer auf

kopf:hörer

etwas stumpf klingt dir der ton der aufzeichnung

das bild brennt schon punkte ins licht

welches wächst sich einbildet

und formt die vorstellung

wird wirkliche stille

ganz anders

als der ins stocken geratene strom

deiner sich verspätet einfindenden gäste

die du weil du mal wieder viel zu lang abwesend

warst erst als es an der tür zum fünften mal

geklingelt hat

vom sofa aufgestanden bist dann zur tür

die du aufgemacht hast im flur jedoch wegen

des schlechten signals

nichts

denn die bildqualität war ebenfalls schlecht

sehen können

und so kehrtest du wieder um sämtlich zu

löschen

was war gleich auf knopfdruck verschwunden

was war gleich auf knopfdruck verschwunden

unter der fahrbahn flimmern verbindlich

leuchtende flächen

die uns wegen gleisbauarbeiten drohn zu

zerreißen

unter den decken hängen anzeigetafeln

auf denen die zeit die uns bleibt

jedoch nur als näherungswert zu verstehen ist

keinesfalls frist

wir steigen ein teilen uns mit unter dem luftzug

der zeichen

wir steigen aus bleiben vorm ausgang

und drehen uns um sicher zu gehen endlich

wieder ins licht

ich weiß nicht was du meinst wenn du fragst:

warum sind wir eigentlich in die großen städte

gezogen?

warum sind wir eigentlich in die großen städte

gezogen?

setz dich! der realität aus

schalte ein lid zuckt und zwinkert

ihr schon seit stunden

dieses öde programm

wechselst du endlich in eine

von der du bisher nur aus den nachrichten weißt

ja wies ist:

eine seltsame welt

die sich sobald du dich für eine neue entschieden

auflöst und vergeht

wenn du keine augen mehr für sie hast

aber schalte nur um ja steh auf

geh in die neue ein weiter nach draußen

atme dann dort

durch das jedoch immergleiche

das fenster das matt eine scheibe

die dein spiegelbild

haft ist sie dir

käfig

und damit geschlossener raum

dem du niemals entkommen kannst

höchstens ausschalten

die augen schließen mit ihr endgültig ab

wenn du dir dazu auch noch die ohren zu
hältst das aber nicht aus ist es mit dir wenn du
das machst
damit jetzt aber schluss, denkst du
nimmst die 3d-brille ab
gehst in die kammer greifst dir den hammer
läufst wieder zurück und schlägst da dann dein
fenster zum hof
in die eine für alle verbindliche welt wütend ein

das fenster zum hof

spürst du das hämmern im kopf:

deine welt

die aus welten gefallen

daran gefunden hat schmerzhaft zu sein

merkst du wies reibt an der stelle: ein schatten

den du durch dein denken

eingeholt

erst auf und dir dann in den kopf gesetzt hast

fühlst du es klopfen da fäuste an türen

die bald schon zerschlagen aufgehen

ideen entstehen in zellen ists trist

da die wände so grau dir

der alltag sie frist

alle auf

fäuste an türen

sie bewegt sich parallel zu ihm
widerspiegelt nasskalt die nacht
schaut zur brücke und er
schreibt endlose texte nach unten in sein telefon

es reden die leute von heute
ganz beiläufig daher über das
was noch passieren wird sicher aufregend

sein blick aufblitzt die straße
fetzt die musik
am straßenrand brennend aus augen
ins bild für die nahende zukunft

ins bild für die nahende zukunft

von anfang an lesen

in einem zug durch

wacht alle zeit sich sicher am leben

durch tunnel

untertags schwarz

glänzt schweres geröll

über absätzen

bricht es in die erinnerung ab

das draußen kommt licht

klappt

mit einem schlag zu

ende

gelände

taucht auf

durch tunnel

Inhalt

-wände

nässe und wind * wiese vorm haus * böschung *
gestalten * unterwegs * ecke görlitzer straße * unter
freiem himmel * die erste person * laut sein * wände

--gewimmel

gegen den gehweg * durch dichte gewimmel * legt
frei an den tag * durchs sprachlose starren * ohne zu
zögern * bei mir im begriff * nachhall und
erinnerung * zur stunde * über rollsplitt und
quadratische platten * auf draht und am netz

---unterdecken

unterdeckenwegstrecken * wortwartefetzen *
drehgewöhnlichaufwenig * brücheundblenden *
stimmungundlicht * blocksatzanspruch *
grundformenumgebung *
kurzgeschichtebildbeschreibung *
dieliebeistimeimer/loveisinthebin *
rätselschrittreißen

----halterungen

im gebüsch raschelt regen und tränt * dem
gewöhnlichen licht längst entbunden * beim anblick
des berges * wildnis auf dem fensterbrett * das
rundherum nahezu perfekte panorama * auf
nassglatter fahrbahn * entwurf * mehr räumliche
tiefe * individualverkehr * halterungen

-----kopf:hörer

es sind die stimmen * ein offenes ohr * als du dir

noch etwas vorstellen konntest * kopf:hörer *

was war gleich auf knopfdruck verschwunden *

warum sind wir eigentlich in die großen städte

gezogen? * das fenster zum hof * fäuste an türen

* ins bild für die nahende zukunft * durch tunnel

Die hier vorliegenden Gedichte sind Bestandteil
einer dreiteiligen, aus je vierzig Gedichten
bestehenden Reihe. Viele davon wurden bereits in
Anthologien und Zeitschriften veröffentlicht, andere
wurden aus Kladden u.d.gl. übertragen,
nachgebessert bzw. erweitert.
Dieser dritte Band umfasst die Gedichte von 2017
bis etwa 2021.
Die am Ende des Bandes anhängenden zehn
Gedichte (-----kopf:hörer) waren ursprünglich als
Texte für eine Musikproduktion gedacht, die jedoch
nicht realisiert werden konnte.
Die Sichtung und Aufbereitung dieser Gedichte fand
zwischen 2022 und 2023 statt.

AW KORSCH, geboren in Bernau (bei Berlin),
Schulabschluss: 1989, danach Ausbildung,
Zivildienst, Abitur und Studium. Arbeitet. Schreibt.
Lebt in Berlin